¿Pourquoi
Comment?
ERPI

Les volcans

Un livre Dorling Kindersley
www.dk.com

Édition originale publiée en Grande-Bretagne en 2003
par Dorling Kindersley Limited, sous le titre :
Eye Wonder : Volcano

Copyright © 2003 Dorling Kindersley Limited, Londres
Copyright © 2005 Gallimard Jeunesse
pour la traduction française
Copyright © 2006 ERPI pour l'édition française
au Canada

Responsable éditorial Thomas Dartige
Suivi éditorial Éric Pierrat

Réalisation de l'édition française
ML ÉDITIONS, Paris, sous la direction
de Michel Langrognet
Traduction Sylvie Deraime
Couverture Raymond Stoffel et Aubin Leray

5757, RUE CYPIHOT
SAINT-LAURENT (QUÉBEC)
H4S 1R3

www.erpi.com

Dépôt légal : 1ᵉʳ trimestre 2006
Bibliothèque nationale du Québec
Bibliothèque nationale du Canada

ISBN 2-7613-1916-8   K 19168
Imprimé en Italie
Édition vendue exclusivement au Canada

Sommaire

Le feu de la Terre

Dans les profondeurs de la Terre, les roches fondent et se transforment en un liquide épais appelé magma. Lorsque la pression s'accumule dans la croûte terrestre, le magma jaillit : c'est une éruption volcanique.

Des roches brûlantes
Une éruption est un spectacle magnifique, mais mortel. Le magma rougeoyant est assez chaud pour faire fondre du métal.

Sous la poussée du magma, les roches proches de la surface éclatent, ce qui peut provoquer des séismes.

On appelle lave le magma parvenu à la surface.

Croûte terrestre
Elle est constituée de...
Roches et de poussières.

Roches sédimentaires résultant du tassement des morceaux de roche.

Roches éruptives faites de magma refroidi.

Roches métamorphiques, transformées par la pression.

Un souffle colossal

Une éruption est semblable à
une explosion. Elle peut projeter
la lave à plus de 600 m de hauteur
et expulser des cendres jusqu'à
40 km d'altitude !

*La croûte terrestre
est une couche de
roches épaisse de 5,6 km
à 68 km.*

Manteau inférieur

Noyau externe

Noyau interne

*Sous la croûte,
le manteau forme
une couche
de roches en
mouvement.*

Épluchons la Terre

La Terre est constituée
de plusieurs couches, comme
un oignon. Ces couches
sont composées de roches
et de métaux.

Au centre de la Terre

Sous le manteau se trouve
le noyau externe, composé
de fer et de nickel fondus.
Au-dessous, dans le noyau
interne, la température
atteint 4 500 °C.

5

Le puzzle terrestre

La croûte terrestre est fragmentée en morceaux, appelés plaques. Celles-ci n'arrêtent pas de bouger : nous pouvons le sentir à l'occasion d'un séisme. De nombreux volcans sont situés là où des plaques se heurtent ou s'écartent.

Légende de la carte

= Volcan

= Mer ou océan

= Terre

= Magma

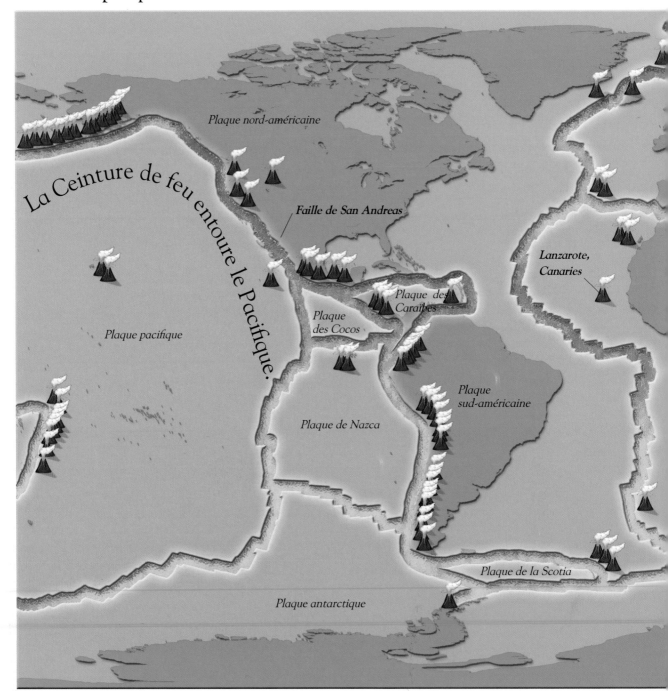

Plaque nord-américaine

La Ceinture de feu entoure le Pacifique.

Faille de San Andreas

Lanzarote, Canaries

Plaque des Caraïbes

Plaque des Cocos

Plaque pacifique

Plaque sud-américaine

Plaque de Nazca

Plaque de la Scotia

Plaque antarctique

Voilà la faille

En Californie (États-Unis), la faille de San Andreas s'est créée à l'endroit où deux plaques glissent l'une contre l'autre. Elles bougent de 1 cm par an.

En ligne !

Sur l'île de Lanzarote, aux Canaries, le magma jaillit à l'endroit où des plaques s'éloignent l'une de l'autre. Les volcans sont réduits à des fissures.

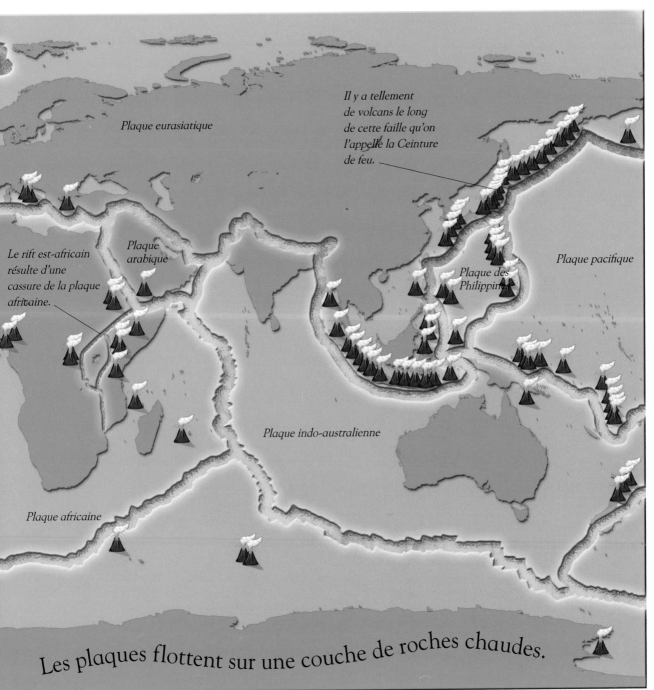

Plaque eurasiatique

Il y a tellement de volcans le long de cette faille qu'on l'appelle la Ceinture de feu.

Le rift est-africain résulte d'une cassure de la plaque africaine.

Plaque arabique

Plaque des Philippines

Plaque pacifique

Plaque indo-australienne

Plaque africaine

Les plaques flottent sur une couche de roches chaudes.

Points chauds

Dans certains endroits, la croûte terrestre est si peu épaisse qu'une colonne de magma peut la percer et créer un volcan. On appelle ces endroits des points chauds.

Sources chaudes

Le parc naturel de Yellowstone, aux États-Unis, est situé sur un point chaud. Il y a 2 millions d'années, un volcan y voyait le jour. Aujourd'hui, la chaleur souterraine produit 10 000 geysers dans le parc.

La lave jaillit du piton de la Fournaise en plusieurs points à la fois.

Île de feu

L'île française de la Réunion, dans l'océan Indien, abrite l'un des volcans les plus actifs au monde : le piton de la Fournaise. La Réunion s'est formée sur un point chaud il y a environ 5 millions d'années.

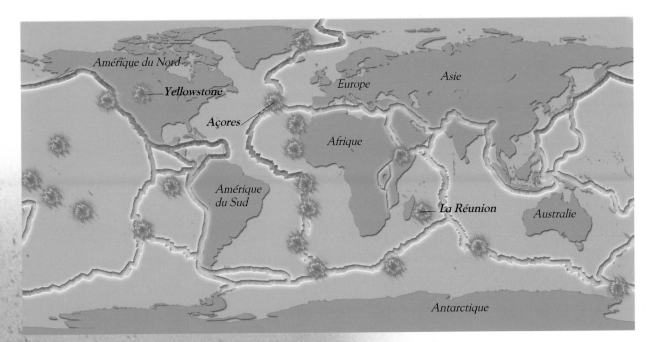

Amérique du Nord
Yellowstone
Açores
Europe
Asie
Afrique
Amérique du Sud
La Réunion
Australie
Antarctique

Dans l'océan

Les plaques formant le fond des océans sont plus minces ; le magma les perce plus facilement. Des volcans surgissent qui donnent naissance à des îles.

 Frontière de plaque

 Point chaud

Four souterrain

Les îles des Açores, dans l'océan Atlantique, sont situées sur un point chaud. Les habitants profitent de la chaleur du sous-sol pour faire cuire leurs repas !

Cette marmite contient le dîner d'une famille aux Açores.

Fleuves de lave

Lors d'une éruption, le magma peut être violemment projeté hors du volcan ou s'écouler sur le sol. Une fois échappé du volcan, il peut encore causer d'importants dégâts.

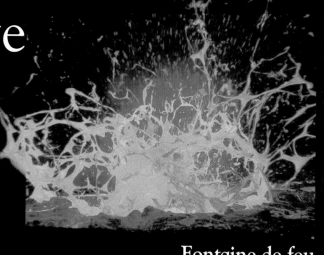

Fontaine de feu

Parfois, à l'intérieur du volcan, le magma est soumis à une pression très forte. La lave sort alors en un jaillissement.

Chaleur destructrice

La lave brûlante et liquide peut s'écouler en fleuves qui se répandent très loin et brûlent tout sur leur chemin, même les routes.

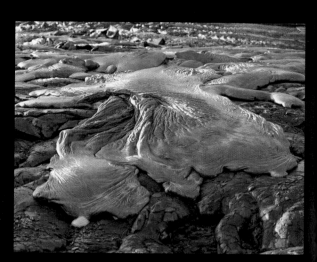

Lentement mais sûrement

Lorsque la lave, au lieu de jaillir, se déverse sur le sol, elle s'écoule très lentement. On peut y échapper plus facilement. Les coulées de lave n'en ravagent pas moins la nature environnante.

Aa et *pahoehoe*

Il y a différent types de lave. La lave *aa* s'écoule rapidement et forme, en refroidissant, des blocs pointus. La lave *pahoehoe*, plus lente, donne une roche plus lisse.

Il est difficile de marcher sur une coulée de lave aa *refroidie : elle est parsemée de blocs pointus.*

La surface d'une lave pahoehoe *est lisse.*

Lorsque la lave refroidit, il se forme une « peau » dure à la surface de la coulée.

À retenir

● La température de la lave peut être sept à douze fois plus élevée que celle de l'eau bouillante.

● *Aa* et *pahoehoe* sont des mots de la langue hawaiienne.

● La lave peut prendre toutes sortes de formes : cônes, tuyaux et même cheveux !

Un fleuve rougeoyant

Cette coulée de lave *aa*, brûlante, rougeoie intensément. À mesure que la lave refroidit, elle coule moins vite et s'épaissit. Mais comme elle refroidit très lentement, elle peut parcourir des centaines de kilomètres avant de s'arrêter.

11

Mortelle explosion

Certaines éruptions sont explosives. Les gaz s'échappent alors avec une telle force du volcan que la lave est pulvérisée en d'innombrables fragments de roche, gros comme un rocher ou fins comme de la poussière.

Ce nuage de cendres contient sans doute des morceaux de roche, des lapilli et de la poussière.

Signaux de fumée

On voit parfois de la vapeur s'échapper du sommet ou des flancs d'un volcan. C'est le signe que le volcan est en activité, et parfois, qu'une éruption se prépare.

Gaz toxiques

Les éruptions les plus mortelles sont celles qui expulsent dans l'air des tonnes de cendres et des gaz toxiques, qui peuvent provoquer la mort par asphyxie.

Baignade interdite !

Les gaz volcaniques peuvent s'échapper lentement dans les lacs de cratère formés au sommet ou sur les flancs d'un volcan. Ils transforment ces lacs en bains d'acide capables de dissoudre la peau et les os.

Casque obligatoire

Le volcan Sakurajima, au Japon, projette presque chaque jour des blocs de lave sur la petite ville voisine. Une loi oblige les enfants de l'île à porter un casque de protection sur le chemin de l'école.

Débris de roche

Parmi les débris de roche expulsés par un volcan, la pierre ponce renferme des bulles de gaz. Elle est si légère qu'elle flotte. Les bombes sont de gros morceaux de roche.

Certaines bombes volcaniques sont aussi grosses qu'une maison.

Bombe

Lapilli

Poussière

Pierre ponce

Météo volcanique

Un volcan en éruption expulse d'énormes quantités de poussières et de cendres jusque très haut dans l'atmosphère. En bloquant les rayons du Soleil, ces débris refroidissent toute la planète.

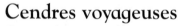

Cendres voyageuses

Cette photo satellite a été prise en 1991, un mois après l'éruption du Pinatubo aux Philippines. Les cendres et les poussières rejetées par le volcan, en clair sur la photo, se sont déjà dispersées tout autour du globe.

L'éruption du Pinatubo a fait baisser les températures sur Terre de 0,5 °C pendant un an.

Orage volcanique

On voit souvent des éclairs pendant les éruptions. Ils sont provoqués par le frottement des particules de lave à l'intérieur des nuages de cendres. Ce frottement engendre une décharge électrique : l'éclair.

La nuit en plein jour

Lors de l'éruption du Pinatubo,
des nuages de cendres hauts
de 40 km plongèrent la région
dans le noir et la couvrirent
d'une couche grise.

De l'eau très chaude

L'eau contenue dans le sous-sol peut être, à proximité d'un volcan, très chaude. Parfois, elle se transforme même en vapeur d'eau et jaillit à la surface sous forme de geyser. D'autres fois, elle s'écoule dans des bassins : on parle alors de sources chaudes.

L'eau d'un geyser peut être jusqu'à trois fois plus chaude que l'eau chauffée dans une bouilloire.

Des eaux colorées

Voici le Fly Geyser, situé aux États-Unis, dans le Nevada. Les cônes rouges se sont formés à mesure que les minéraux contenus dans les eaux chaudes se déposaient et se solidifiaient. La coloration rouge et jaune est due aux algues qui vivent dans ces eaux.

Une boue bénéfique

La chaleur souterraine peut même faire bouillir la boue. Cette boue volcanique est riche en minéraux ; on l'utilise souvent pour les soins de la peau. Les bains de boue rendent la peau souple et douce.

Old Faithful

Ce geyser du parc national de Yellowstone, aux États-Unis, est l'un des plus célèbres au monde. Il jaillit toutes les 78 minutes avec une régularité qui lui a valu ce nom de « Vieux Fidèle ».

Le jet d'eau d'Old Faithful s'élève à une hauteur de 30 à 50 m.

Du feu sous la mer

Au fond des océans, le magma, les gaz et les minéraux brûlants se fraient un chemin là où les plaques tectoniques sont les plus minces. La lave et les minéraux qui sortent forment des îles et d'autres milieux naturels extraordinaires.

La formation des îles

Dans l'eau, la lave s'écoule lentement mais refroidit rapidement. Les scientifiques étudient les coulées sous-marines pour mieux comprendre comment se forment les îles.

PLONGER

Comme la lave refroidit très vite sous l'eau, les plongeurs expérimentés peuvent parfois observer de près de petites éruptions sous-marines.

Évents sous-marins

Les minéraux remontant
des profondeurs terrestres
durcissent rapidement : ainsi
se forment des cheminées,
que l'on appelle évents, ou
fumeurs noirs. De nombreux
animaux, peu communs,
vivent dans les eaux minérales
chaudes jaillissant des évents.

À retenir

- La plupart des fumeurs
noirs sont situés à plus de 2 km
sous la surface.

- Le premier fumeur noir
a été découvert en 1977.

- Parmi les animaux vivant
près des fumeurs noirs,
on trouve des moules,
des palourdes et des crabes.

Vivre sur un évent

Autour des fumeurs noirs vivent
des vers très colorés. Ils hébergent
des bactéries qui transforment
en nourriture les substances
chimiques rejetées par les fumeurs.

*Ce crabe s'est
installé parmi
les vers.*

Des fonds volcaniques

es scientifiques estiment qu'il y a plus de
0 000 volcans sous les océans. Cela représente plus
e 90 % des volcans de la planète. De nombreuses
es sont nées de ces volcans sous-marins.

*Ce volcan est
éteint : il n'entre
plus en éruption.*

*Ce volcan actif, sous
le plancher océanique,
va entrer en éruption.*

Naissance d'une île

Au fond des océans, la lave s'empile au lieu de s'écouler. Au fur et à mesure des éruptions, les épaisseurs de lave s'accumulent jusqu'à atteindre parfois la surface. Une île voit alors le jour.

Une île apparaît

En 1963, au large de l'Islande, des pêcheurs virent une île émerger des eaux. Cette île fut baptisée Surtsey, en hommage à Surtur, ancien dieu scandinave du Feu.

Trois ans plus tard...

Lorsque le volcan cessa de cracher de la lave, des végétaux et des animaux colonisèrent la nouvelle île. Après seulement quelques années, Surtsey était peuplée d'oiseaux et de phoques.

Il faut des millions d'années pour qu'un volcan émerge et devienne une île.

Laboratoire sous-marin

À mesure qu'un volcan pousse vers la surface, il est colonisé par toutes sortes d'espèces marines. Les volcans émergents sont donc un endroit idéal pour étudier la vie marine.

Si grandes qu'elles paraissent, les îles ne sont qu'une toute petite partie du volcan dont elles sont nées.

Un paradis naturel

Les Galápagos, dans l'océan Pacifique, sont des îles volcaniques. Elles ont émergé il y a environ 4 millions d'années. Depuis, de nombreuses espèces d'animaux et de végétaux sont venues s'y installer.

Tsunamis

Les tsunamis sont la terreur des villes côtières – ces vagues géantes détruisent tout sur leur passage. Beaucoup sont causés par des éruptions.

Formation des vagues

Lorsqu'une éruption se déclenche sous l'océan, elle soulève une partie du plancher océanique, ce qui déplace la masse d'eau et crée une vague.

Glissement de terrain

Les tsunamis peuvent être aussi causés par le déversement de lave et de boue dans l'océan, lors d'une importante éruption.

La masse d'eau ébranlée se déplace si vite qu'elle est d'abord presque imperceptible.

L'éruption du volcan sous-marin déclenche un tsunami.

En pleine mer, le magma remonte à la surface de la Terre.

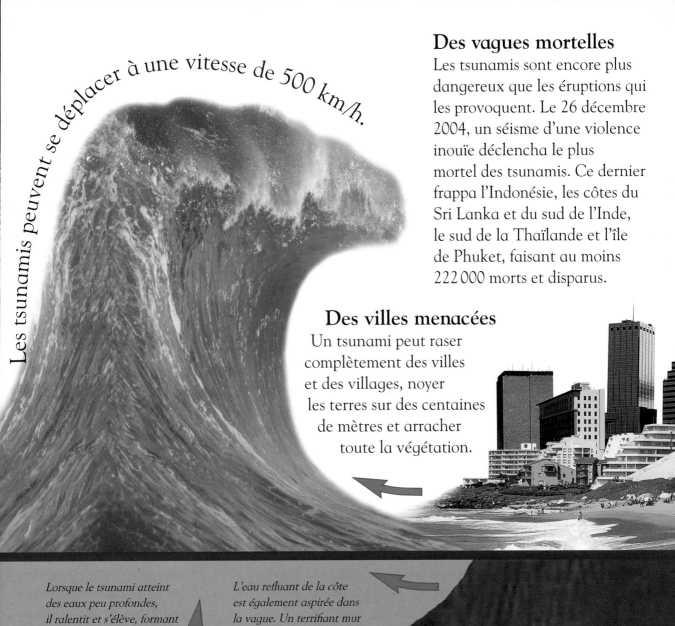

Les tsunamis peuvent se déplacer à une vitesse de 500 km/h.

Des vagues mortelles

Les tsunamis sont encore plus dangereux que les éruptions qui les provoquent. Le 26 décembre 2004, un séisme d'une violence inouïe déclencha le plus mortel des tsunamis. Ce dernier frappa l'Indonésie, les côtes du Sri Lanka et du sud de l'Inde, le sud de la Thaïlande et l'île de Phuket, faisant au moins 222 000 morts et disparus.

Des villes menacées

Un tsunami peut raser complètement des villes et des villages, noyer les terres sur des centaines de mètres et arracher toute la végétation.

Lorsque le tsunami atteint des eaux peu profondes, il ralentit et s'élève, formant une vague géante.

L'eau refluant de la côte est également aspirée dans la vague. Un terrifiant mur d'eau est prêt à s'abattre sur la terre !

À retenir

● Le 21 mai 1792, un tsunami dû à l'éruption du mont Unzen, au Japon, tua 14 300 personnes.

● Le plus grand tsunami connu atteignait 85 m de haut.

● Le mot tsunami signifie « vague frappant un port » en japonais.

Sur ce dessin, l'échelle n'est pas respectée.

Endormi ou éteint ?

Certains volcans semblent morts ; en fait, ils « dorment ». On dit de ces volcans qui peuvent encore se manifester qu'ils sont en sommeil. Ceux qui ne peuvent plus du tout entrer en éruption sont éteints.

Dans l'ombre du Fuji-Yama

Le Fuji-Yama, au Japon, est en sommeil depuis 1770 mais peut se réveiller à tout moment. Une éruption serait dramatique pour les 12 millions d'habitants de Tokyo, à 97 km de là.

À l'improviste

Le Pinatubo, aux Philippines, entra en éruption en 1991 après un sommeil de quatre cents ans. Des nuées de gaz et de cendres dévalèrent ses pentes, plus vite que ne l'aurait fait une voiture. Le chauffeur de ce camion dut vraiment enfoncer l'accélérateur pour en réchapper.

RÉVEIL

Le Pinatubo sortit de son sommeil en avril 1991. Les gens entendirent d'abord des grondements et virent de la fumée s'échapper des flancs du volcan. Plus de 200 000 personnes furent rapidement évacuées. Le 15 juillet, le volcan entrait en éruption.

Alerte au réveil

Les scientifiques surveillent par satellite les volcans en sommeil. Les points sur ces photos du Chiliques, un volcan du Chili, indiquent les points de remontée du magma. Le volcan est en train de se réveiller.

Image infrarouge du Chiliques.

Image satellite du Chiliques.

En terrain sûr

Cette église du Puy-en-Velay, en France, se dresse sur un piton volcanique. Ce volcan est éteint : aucune nouvelle éruption n'est à craindre.

Vivre dans la peur

L'Etna, en Italie, est le volcan le plus actif et le plus grand d'Europe. Il a connu au moins 190 éruptions en 3 500 ans, ce qui n'empêche pas des milliers de personnes de vivre et de travailler sur ses flancs.

Une éruption du passé

L'une des plus spectaculaires éruptions de l'Etna eut lieu en 1669. Quinze villages furent ensevelis sous la lave, mais il n'y eut aucun mort.

Un sixième sens animal

Certaines personnes vivant à proximité de l'Etna se montrent attentives au comportement de leur chat. Le chat est en effet très sensible aux changements de pression pouvant survenir juste avant une éruption.

Une menace permanente

En 2002, une nouvelle éruption a obligé les gens vivant près de l'Etna à évacuer leurs maisons, menacées par les coulées de lave.

Des systèmes d'alerte permettent aux habitants de fuir à temps.

Des digues

Pour tenter de détourner les coulées de lave des zones peuplées, on construit des digues. En 1669, les habitants d'une ville avaient édifié une digue de pierre à la main. Aujourd'hui, on recourt aux pelles mécaniques.

Heureusement, la lave de l'Etna s'écoule lentement.

Île de lave

Il y a plus de 200 volcans en Islande, un pays situé au-dessus d'un important point chaud. En janvier 1973, le volcan Eldfell, sur l'île d'Heimaey, entrait en éruption. L'éruption dura six mois.

Eldfell signifie « montagne de feu » en islandais. Cette montagne de feu ensevelit ou détruisit plus de 370 constructions.

Un rideau de feu

Lors de l'éruption de l'Eldfell, des fontaines de lave jaillissaient des fissures apparues sur le volcan, formant un rideau de feu. On utilisa de l'eau de mer pour refroidir et ralentir la lave.

Maisons enterrées

La plupart des 5 300 habitants d'Heimaey furent évacués à temps sur l'île principale. En revanche, la plus grande partie des constructions fut ensevelie sous des cendres noires. Beaucoup d'habitations purent être ensuite dégagées et restaurées.

Chaleur naturelle

La chaleur dégagée par les nombreux volcans islandais alimente des bassins d'eau chaude, comme celui-ci. La centrale voisine utilise la chaleur de l'eau pour produire de l'électricité.

Le mont Saint Helens

Une des éruptions les mieux étudiées est celle qui survint le 18 mai 1980. Ce jour-là, le mont Saint Helens, situé dans l'État américain de Washington, explosa dans un déluge de cendres et de fumée. Les scientifiques en profitèrent pour faire des mesures.

Avant l'éruption de 1980.

Après l'éruption de 1980.

Un sommet soufflé

Avant l'éruption, le Saint Helens était surmonté d'un magnifique glacier. L'explosion emporta presque tout le flanc nord du volcan, creusant un énorme trou, assez vaste pour contenir une ville entière. C'était la première fois que les scientifiques observaient une éruption de ce type.

Une énorme explosion

L'explosion projeta à l'extérieur du volcan une colonne de roches, de cendres, de gaz et de vapeur, montant à la vitesse d'un avion à réaction. En seulement 15 min, le nuage s'éleva à 24 km d'altitude.

Le mont Saint Helens perdit 400 m de hauteur dans l'explosion.

Un cauchemar
L'éruption tua
57 personnes et abattit assez
d'arbres pour construire
300 000 maisons. Toute vie
disparut alentour.

Au rayon des souvenirs
Les nuages de cendres bloquèrent
la lumière du Soleil sur un
rayon de 400 km. Des bouteilles
de cendres sont aujourd'hui
vendues comme
souvenirs !

Montserrat

La petite île de Montserrat, dans les Antilles, était paisible jusqu'en 1995. Cette année-là, le volcan de la Soufrière est entré en éruption. Depuis, la plupart des habitants ont dû quitter l'île.

Un paradis perdu

Montserrat était une île très touristique. Aujourd'hui, l'aéroport est enfoui sous les cendres. Les rares touristes arrivent par ferry.

Une ville morte

En décembre 1997, Plymouth, la capitale de Montserrat, fut ensevelie sous 2 m de cendres et de boue.

Quand reconstruire ?

Les scientifiques ne savent pas quand les habitants de Montserrat pourront revenir. Le volcan connaît encore de petites éruptions.

Habitants repoussés

Les éruptions n'ont cessé de
réduire les zones habitables.
Il ne reste plus aujourd'hui
qu'une toute petite zone où
les habitants sont en sécurité.

*Plymouth,
ancienne
capitale.*

*Cette zone est
la seule
considérée
comme sûre.*

À retenir

● Environ 8 000 personnes,
soit les deux tiers de la
population, ont quitté l'île.

● Les scientifiques estiment
que la Soufrière est âgée de
100 000 ans.

● Depuis 1995, les éruptions
ont tué 20 personnes.

Terre de feu

L'Indonésie se situe entre deux grandes plaques tectoniques. Elle compte 125 volcans actifs et a subi plus d'éruptions qu'aucun autre pays. Une grande partie des 15 000 îles indonésiennes sont nées de l'activité volcanique.

Un énorme boum

Lors de l'éruption du Perbuatan sur l'île de Krakatoa, en 1883, l'explosion fut entendue jusqu'à Alice Springs, en Australie, à 4 000 km de là !

Une beauté brûlante

Le complexe du Tengger est l'une des zones volcaniques les plus visitées. Sa beauté dissimule un cœur ardent : depuis deux cents ans, plus de cinquante éruptions ont eu lieu ici.

Bromo

Batok

Mines de soufre

Les nombreuses éruptions ont fait remonter de précieux minerais en surface. Cet Indonésien transporte des blocs de soufre extraits des volcans.

Depuis 1967, le Semeru a tué plus de 600 personnes.

Semeru

LES TRAVAUX D'UN OGRE

La légende raconte qu'un roi ordonna un
jour à un ogre qui voulait épouser
sa fille de creuser une tranchée avec
une moitié de noix de coco. Lorsque
le roi vit que l'ogre avait des chances
de réussir, il lui commanda, furieux,
d'aller plus vite. L'ogre mourut
d'épuisement. La moitié de noix de coco
devint le Bromo.

Tragédie antique

Le matin du 24 août de l'an 79, le Vésuve, en Italie, entra en éruption. Des nuages de cendres brûlantes et de gaz toxiques enveloppèrent les villes de Pompéi et d'Herculanum, ensevelies dès lors pour plus de 1 600 ans.

Conservée dans les cendres

Pompéi est si bien préservée qu'elle offre un formidable témoignage sur la vie quotidienne dans une ville romaine de l'Antiquité. Les archéologues peuvent même lire les graffitis sur les murs de la ville.

Une victime à Pompéi

Cet homme est mort asphyxié par les cendres et les fumées toxiques. En se décomposant, son corps a laissé une forme en creux. Les archéologues ont rempli ce creux de plâtre pour obtenir un moulage.

Un volcan endormi

Le Vésuve semble aujourd'hui tranquille. Il a pourtant connu quelque trente-six éruptions depuis 79. La plus récente, en 1944, dura dix jours. Elle ne fit aucune victime.

Ce chien est mort asphyxié alors qu'il était attaché à un poteau.

Mort à son poste

Voici le moulage d'un chien mort alors qu'il gardait la maison de son maître, un homme nommé Vesonius Primus.

Cet homme a tenté de protéger son visage des cendres.

Ceci est le moulage d'un chien mort lors de l'éruption.

Travailler en zone rouge

Les scientifiques qui étudient
les volcans sont des volcanologues.
Leur travail n'est pas sans danger.
Pour recueillir des informations sur
les volcans, ils doivent aller au plus
près de la bouche du volcan.

Tenue de protection
Pour collecter des échantillons
de roches chaudes et marcher
sur la lave brûlante, les
volcanologues doivent porter
une tenue et des bottes les
protégeant de la chaleur.

*La combinaison
argentée réfléchit la
chaleur et maintient
le corps à bonne
température.*

UN MÉTIER RISQUÉ

Lorsque des volcanologues travaillent sur un volcan actif et qu'une éruption menace, ils quittent généralement les lieux. Parfois, malheureusement, rien ou presque rien ne signale un regain d'activité. Entre 1975 et 2001, vingt-neuf volcanologues sont morts en étudiant les volcans.

Grâce à cette caméra, les scientifiques peuvent voir de près l'intérieur du cratère.

Robot en mission

Le robot Dante pénètre à l'intérieur des volcans, là où il serait trop dangereux pour les hommes d'aller. Un jour, il ira étudier les volcans d'autres planètes.

Gaz mortels

Même si les risques apparents semblent limités, des gaz invisibles et mortels peuvent s'échapper du volcan. C'est pourquoi les volcanologues doivent porter des masques à gaz.

Ces volcanologues prélèvent des échantillons de gaz. Leur analyse peut aider à prévoir une prochaine éruption.

Les volcans sont fascinants et de nombreuses personnes sont prêtes à faire un long voyage pour voir la lave rougeoyer. Chaque année, des milliers de touristes se rendent sur des volcans actifs pour une expérience inoubliable.

À retenir

● Le volcan Kilauea est en éruption depuis 1982.

● Le Yasur, au Vanuatu, connaît de dix à vingt éruptions par heure depuis 800 ans.

● On peut marcher dans le cratère du volcan de White Island, en Nouvelle-Zélande.

En sécurité dans les airs

Certains volcans ne peuvent se découvrir en toute sécurité que du ciel, en raison de la lave brûlante et des gaz toxiques. De tels volcans se visitent de préférence en hélicoptère.

Lac de lave à l'état stable.

Un spectacle fascinant

Oubliez les feux d'artifice ! Aucun ne vaut les sons et lumières offerts par les volcans ! Ce volcan hawaiien connaît presque chaque nuit une petite éruption. Cela mérite bien une marche de quelques kilomètres.

On peut même camper sur les flancs de ce volcan actif d'Hawaii.

UN PARC DES VOLCANS

Dans le parc national des volcans, sur l'île d'Hawaii, se trouve l'un des volcans les plus actifs du monde : le Kilauea. Chaque année, des milliers de touristes visitent ce volcan, en éruption depuis 1982.

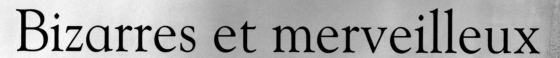

Bizarres et merveilleux

Les coulées de lave refroidie peuvent prendre toutes sortes de formes, plus étranges les unes que les autres. Parfois, les scientifiques n'arrivent même pas à expliquer comment ces créations fantastiques ont vu le jour !

Des aiguilles de lave

La lave expulsée du mont Mazama a formé, il y a 7 700 ans, ces structures situées dans le parc national des Pinacles, en Californie.

Des maisons dans des cheminées

Il y a plusieurs centaines d'années, des hommes ont creusé ces cheminées volcaniques de Cappadoce, en Turquie, pour en faire leur maison. Certaines sont encore habitées.

Une route pour les géants

Jadis, les Irlandais croyaient que le géant Finn McCool avait taillé ces rochers. La Chaussée des Géants résulte en fait du refroidissement de coulées de lave, il y a 60 millions d'années.

Singes du froid

Ces macaques japonais ont appris qu'un bon bain dans des sources chaudes aidait à lutter contre le froid hivernal et les laissait tout propres.

Les animaux aussi aiment les régions volcaniques.

43

Cendres fertiles

Les éruptions volcaniques peuvent
être source de renouveau. La lave
brûlante détruit les végétaux trop
vieux ou morts, tandis que les
cendres constituent un excellent
engrais pour les nouvelles pousses.

La vie revient

Quelques années après une
éruption, les végétaux sont
revenus sur ce volcan.
Ils repoussent encore
plus vite sur les
cendres.

Première installée

Les fougères figurent parmi les
premières plantes à repousser
après une éruption. Les graines
sont très résistantes et les pousses
parviennent à percer la lave
solidifiée.

Pentes fertiles

Les paysans vivant dans le voisinage de ce volcan d'Indonésie font pousser leurs récoltes jusque dans son cratère. Ils savent que les cendres rendent les terres fertiles.

Nourris par les volcans

Sans les volcans, bien des gens vivant dans les pays les moins riches du monde ne parviendraient pas à tirer de la terre de quoi se nourrir. Les cendres volcaniques fertilisent des sols souvent pauvres.

Glossaire

Voici quelques définitions de mots utiles pour partir à la découverte des volcans.

Algues Végétaux simples qui vivent dans l'eau.

Bactéries Organismes vivants microscopiques capables de tirer leur énergie des substances chimiques.

Basalte Type le plus courant de roche volcanique, provenant d'une lave très fluide (presque liquide).

Bombe Gros morceau de lave éjecté par un volcan, qui refroidit à l'air libre.

Ceinture de feu Zone entourant l'océan Pacifique où se trouvent un grand nombre de volcans, parmi les plus actifs et les plus violents.

Cendres Particules fines de lave pouvant bloquer les rayons solaires.

Cratère Bouche du volcan reliée à la cheminée principale et par laquelle jaillissent la lave et les cendres.

Croûte Couche externe rigide de la Terre.

En sommeil Se dit d'un volcan qui n'est pas entré en éruption depuis longtemps mais peut encore se réveiller.

Éruption Moment où un volcan éjecte de la lave, des cendres ou des gaz.

Éteint Qualifie un volcan qui ne peut plus entrer en éruption.

Faille Cassure dans la croûte terrestre provoquée par le déplacement des roches.

Fissure Cassure dans le sol par laquelle de la lave s'écoule.

Fumeur noir Évent (cheminée) volcanique situé sur le plancher océanique, rejetant de l'eau chaude riche en minéraux.

Geyser Jet d'eau chauffée en profondeur au contact du magma.

Glissement de terrain Glissement de terre meuble et de roches le long d'une pente.

Lave Nom donné au magma faisant éruption à la surface.

Lave *aa* Type de lave qui s'écoule lentement et peut former des énormes coulées, friables et grumeleuses.

Lave *pahoehoe* Lave fluide et brûlante s'écoulant rapidement en coulées peu épaisses.

Magma Roche venue des profondeurs de la Terre ayant fondu jusqu'à devenir liquide.

Manteau Couche située entre le noyau et la croûte terrestre.

Mare de boue Étendue de boue bouillante, où remontent des bulles de gaz.

Minéral Substance naturelle non-vivante.

Noyau Cœur métallique de la Terre.

Plaque Morceau de croûte et de manteau se déplaçant à la surface de la Terre.

Point chaud Endroit où une colonne de magma perce la croûte terrestre.

Roche métamorphique Roche issue de la transformation d'autres roches soumises à une pression et à une chaleur intenses.

Rift Grand fossé créé par une faille dans la croûte terrestre à l'endroit où deux plaques s'écartent.

Sismomètre Instrument mesurant les mouvements de la croûte terrestre.

Source chaude Écoulement d'eau chaude à la surface.

Substance chimique Substance naturelle faite d'un assemblage de différents types d'atomes.

Tsunami Vague océanique destructrice pouvant être provoquée par une éruption volcanique.

Volcanologue Scientifique étudiant les volcans.

Index

Remerciements

Dorling Kindersley remercie :
Colin Bowler de Alan Collinson Design/Geo-Innovations, pour les cartes, et Louise Halsey pour ses illustrations originales sur les volcans. Merci aussi aux personnes suivantes des équipes de DK : Jacqueline Gooden, Elinor Greenwood, Lorrie Mack, Fleur Star, Cheryl Telfer et Sadie Thomas.

Crédits photographiques

L'éditeur remercie les personnes suivantes de l'avoir autorisé à reproduire leurs photographies/images :
h = haut ; c = centre ; b = bas ; g = gauche ; d = droite ; h = haut

Mario Cipollini : 27hg. **Bruce Coleman Inc :** Stella Sneered 20cd. **Corbis :** 26-27c ; Yann Arthus-Bertrand 43b, 44-45 ; Dan Bool/Sygma 34-35 ; Gary Braasch 31bd ; Carol Cohen 44c ; Sergio Dorantes 34hd ; Chris Hellier 43hg ; Ted Horowitz 44g ; Michael S. Lewis 8hd ; Ludovic Maisant 13hd ; Pat O'Hara 42, 48 ; Robert Patrick 32hd, 32bg ; Roger Ressmeyer 13c, 20bg, 36-37b, 39b, 40bg, 41b, 41h ; Hans Georg Roth 9bd ; Royalty-Free Images 24hd ; Sean Sexton 37cd ; Strauss/Curtis 45bd ; Kevin Schafer 44bg ; Hans Strand 29cd ; James A. Sugar 31d ; Nick Wheeler 22c ; Ralph White 19cd ; Adam Woolfit 25cd.

Ecoscene : Wayne Lawler 48c. **Lin Esposito :** 36c. **GeoScience Features Picture Library :** 20hg. **Getty Images :** Warren Bolster 22-23c ; Michael Dunning 22hd ; Jack Dykinga 16-17 ; G. Brad Lewis 10cd ; 46-47 ; NASA 21c ; Guido Alberto Rossi 12cg, Schafer & Hill 22g ; Pete Turner 28-29, 29hd ; Greg Vaughn 2-3 ; Art Wolfe 12-13c. **Robert Harding Picture Library :** 10hd, 10cg, 11, Photri 30cg ; E. Simanor 43hd. **Katz/FSP :** 14cg, 24-25 ; R. Gaillarde/Gamma 8-9. **NASA :** 5hd, 25hg, 25hc, 33hd. **Panos Pictures :** Rob Huibers 32-33. **Chris and Helen Pellant :** 17hg. **Popperfoto :** Tony Gentile/Reuters 1 ; Reuteurs 38. **Powerstock Photolibrary :** Superstock 13bd. **Rex Features :** Sipa Press 15. **Science Photo Library :** 30-31 ; Bernhard Edmaier 2hc, 4-5c, 7hd, 34bg ; NASA/Carnegie Mellon University 39hd ; Mark Newman 14bc ; David Parker 7hg. **Seapics.com :** Doug Perrine 18. **Verena Tunnicliffe :** 19hd. **US Geological Survey :** Lyn Topinka, United States Department of the Interior, US Geological Survey, David A. Johnston Cascades Volcano Observatory, Vancouver, Washington 30cd.

Couverture : 1er plat, bandeau de gauche à droite : Robert Harding, The image Bank/Getty images, National Geographic/Getty images, Bernhard Edmaier/Science Photo Library, Robert Harding, Wayne Lawler/Ecoscene ; 1er plat : Roger Ressmeyer/Corbis ; dos : Popperfoto/Maxppp/Reuters Image ; 4e plat : Dan Bool/Sygma Image/Corbis h, Bernhard Edmaier/Science Photo Library hg, Jerey Bishop/Science Photo Library b